Mit herzlichen Segenswünschen

Cornelia Elke Schray

Von allen Seiten umgibst du mich

Gedanken zu Psalm 139

Agentur des Rauhen Hauses Hamburg

Gott, du hast mich erdacht.
Während ich noch sitze, gehst du in Gedanken
die Straße meines Lebens schon ein Stück weiter.
Alles, was ich sagen will, ist längst kein Geheimnis
mehr für dich. Du weißt es.
Wie nur soll ich dich in meiner Begrenztheit verstehen,
wie deine Unendlichkeit in meine Endlichkeit füllen?
Ob Himmel oder Erde, zur Morgen- oder Abendröte,
im Tod und im Leben, ich entkomme dir nicht,
und das ist mein großes Glück.
Als meine Mutter noch von mir träumte,
warst du bereits dabei, mir Glieder zu schaffen und
ein klopfendes Herz zu schenken.
Du warst der Erste, der mir in die Augen gesehen hat.
Dein Denken erscheint mir so unzählbar
wie die Sandkörner dieser Erde.

Du bist groß.
Dennoch gibt es Menschen, die dich missbrauchen
für ihre Fehler und Zwänge, die nicht verstehen,
dass sie lieben könnten, weil du liebst.
Soll ich diesen Menschen aus dem Weg gehen und
mich in Sicherheit bringen?
Ich will nicht hassen.

Gott, du hast mich erdacht,
nimm mein unruhiges Herz in deine Hand
und führe mich
durch Raum und Zeit,
bis ich meinen Lauf vollende
wo er begonnen hat:
in deinen Armen.

nach Psalm 139

Du bist um mich
und siehst alle meine Wege.
Psalm 139,3

Ich halte dich

Es war ein Dienstagmorgen. Vor drei Stunden waren sie aufgebrochen, um ein paar freie Tage zu genießen. Die Fahrt auf der Autobahn verlief ohne Probleme, die Straße war trocken, die Sonne schien. Mühelos fuhren sie Kilometer um Kilometer ihrem Ziel entgegen. Weit und breit kein Stau und auch keine Unfälle. Jeder hing seinen Gedanken nach. Die letzten Wochen waren schwierig und voller Fragen gewesen. Eine Krankheit, die lange Wochen zur Ruhe gezwungen und das Leben auf den Kopf gestellt hatte. Danach, als es scheinbar gut war, die Erkenntnis, in einer Sackgasse festzustecken. Wie sagte ihnen eine Nachbarin?: Wir werden eben nicht vorher gefragt, ob wir das, was wir an Leid erleben, gerade aushalten können und wollen. Aber wir sind nicht allein.

Sie fuhren weiter. Das Navigationssystem des Autos zeigte an, dass sie die halbe Strecke bereits geschafft hatten. Hinter einer Kurve wurden ihre Blicke plötzlich von einem großen Plakat gefangen, das auf eine Autobahnkirche hinwies und zu Gottesdiensten einlud: „Ich halte dich. Gott." So die schlichten, aber eindringlichen Worte.

Sie schauten einander sprachlos an und waren berührt von der Kraft dieser einfachen und lebensspendenden Wahrheit. Hier ging es einmal nicht um banale Werbung mit all ihren leeren und sinnlosen Versprechungen wie „Geht nicht gibt's nicht" oder „Weihnachten wird unterm Tannenbaum entschieden". Hier ging es um nicht weniger als das Leben. Manchmal, so berichteten mir die beiden, scheinen wir doch in eine endlose Tiefe aus Verzweiflung und Ohnmacht, aus Tränen und Leid zu fallen. Das aber ist nicht das Ende. Wir sind unterwegs mit einem Gott, der uns zusagt: Ich halte dich.

Nachdenklich verabschieden wir uns nach diesem Gespräch. Ja, denke ich, und der Dichter von Psalm 139 geht da noch einen Schritt weiter und sagt: „Von allen Seiten umgibst du mich und hältst deine Hand über mir." Gott hält uns von oben und unten, ja aus jeder Richtung. Gott ist da. Manchmal braucht es kleine Wunder und Zeichen am Wegrand, wir müssen nur die Augen offen halten. Mehr als „keinen Ausweg" gibt es bei unserem Gott, der seine Menschen unfassbar liebt, allemal. Darauf können wir uns verlassen.

Wer bin ich?

Wer ich auch bin,
du kennst mich,
dein bin ich, o Gott.

Dietrich Bonhoeffer

Segen

Möge der Gott, der dich geschaffen hat,
an jedem Tag seine Hand über dich halten
und dich davor schützen,
dass du fällst auf deinem Weg.

Möge der Gott, der deinen Namen
in sein Buch geschrieben hat,
dir liebevoll nahe sein
in jedem Augenblick deines Lebens.

Möge der Gott, der in aller Not
immer wieder Flügel über dich breitet,
dir Haus und Heimat sein
in alle Ewigkeit.

Von allen Seiten umgibst du mich
und hältst deine Hand über mir.
Psalm 139,5

Alles wird gut

Feierabendverkehr in der S-Bahn. Menschenmassen, die alle ein Ziel haben und nach getaner Arbeit nach Hause fahren möchten. Überall blickt man in die

Gesichter von Menschen. Manche schon von vielen Jahren gezeichnet, gebeugt von ihrem Leben, aber mit einem stillen Lächeln im Gesicht. Andere tief in Gedanken versunken und allen Blicken ausweichend. Ein Moment der Unachtsamkeit – da ist ein kleiner Junge, der mit seiner Mutter unterwegs

ist, im Gedrängel gestürzt und hat sich, wie es aussieht, sehr wehgetan. Weinend sitzt er auf dem Schoß seiner Mutter und lässt sich trösten. Ein Taschentuch, ein Kuss, vielleicht die Aussicht auf ein Erdbeereis und die Tränenflut ist schnell wieder versiegt. „Alles wird gut", flüstert die Mutter ihrem kleinen Sohn zu und wiegt ihn in ihren Armen.

Alles wird gut? Sich vor dem rauen Leben in Sicherheit bringen. Das wünschen wir uns alle. Nicht nur bei so kleinen und schnell vergessenen Missgeschicken. Gerade wenn das Leben nicht nur eitel Sonnenschein für uns bereithält, sondern richtige Probleme wie Krankheiten, den Verlust geliebter Menschen oder der Arbeit und andere Sorgen. Wir wissen, dass nicht alles gut wird und die Zeit oft keine Wunden heilt. Wir verstehen viele Wege und manches Unheil nicht. Wir dürfen aber daran glauben, dass wir mit unserem

Vater im Himmel einen Tröster an unserer Seite haben, der Berge versetzen, Wunden heilen und Tränen trocknen kann.

Zugegeben, darauf zu vertrauen ist nicht immer einfach, aber es lohnt sich. In Gottes Nähe kann Leben gelingen. Der Psalm 139 endet in einer modernen Übersetzung mit dem Satz: „Und wenn ich in Gefahr bin, mich von dir zu entfernen, dann bring mich zurück auf den Weg zu dir!" Es wird nicht alles gut, aber im Licht der Liebe Gottes betrachtet, doch schon eine ganze Menge.

O Herr, in deinen Armen bin ich sicher.
Wenn du mich hältst, habe ich nichts zu fürchten.
Ich weiß nichts von der Zukunft,
aber ich vertraue auf dich.

Franz von Assisi

Nur für heute

Nur für heute
bitte ich dich,
mein Gott:

Zeig' meinen
müden Füßen
kleine Straßen
durch diesen Tag,
hilf meinen Händen,
ihre Arbeit
geduldig zu erledigen,
lass meine Augen
das sehen,
was meine Seele nährt,
öffne mir die Ohren
für die Lieder
der Vögel,
schenke meiner Nase
den Duft einer Blume.

Ich will keine Angst
vor morgen haben,
weil du, Gott,
mich trägst.

Nähme ich Flügel
der Morgenröte
und bliebe am äußersten Meer,
so würde auch dort
deine Hand mich führen.

Psalm 139,9–10a

Vor Gott fliehen?

Eine der beeindruckendsten Geschichten der Bibel finden wir, auf wenigen Seiten erzählt, im Buch Jona. Jona, ein Prophet, bekommt von Gott den Auftrag, in die Stadt Ninive zu gehen und den Menschen dort zu predigen, dass sie ihr Verhalten gründlich ändern müssten, um einer Strafe Gottes noch zu entgehen. Und Jona, ein Mensch wie wir, empfindet einen großen

Widerwillen gegen diesen unbequemen Auftrag und macht sich aus dem Staub. In der Vorstellung, er könne vor Gott fliehen, heuert er auf einem Schiff an. Dort, so denkt er, kann er sich vor den Augen Gottes verstecken. Der Plan scheitert jedoch. Ein Sturm zieht auf. Die Besatzung lost aus, welcher der Passagiere als Opfer ins Meer geworfen werden soll, um es zu beruhigen. Das Los fällt auf Jona, doch wie durch ein Wunder wird er von einem großen Wal verschluckt. Tot ist er nicht, aber noch längst nicht in Sicherheit. Jona erlebt leibhaftig, dass er seinem Auftrag nicht entkommen kann. Genau so ist es in Psalm 139, Vers 9 beschrieben: „Und nähme ich Flügel der Morgenröte und bliebe am äußersten Meer, so würde auch dort deine Hand mich führen und deine Rechte mich halten."

Jona kann selbst über das Meer nicht fliehen vor dem Geist und dem Angesicht Gottes. Gott, der über-

all zugleich und allgegenwärtig ist, hat seine Flucht längst bemerkt.
Wie geht es uns mit dieser Geschichte? Versetzt sie uns in Angst und Schrecken, weil wir insgeheim längst wissen, wie wahr sie ist? Oder gibt sie uns ein Gefühl der Geborgenheit, weil wir dabei erkennen, dass wir niemals und an keinem Ort der Welt allein sind?
Die Geschichte von Jona, die man gerne auch als Gleichnis verstehen darf, ist die Geschichte der großen Barmherzigkeit Gottes. Als Menschen mit einem vergänglichen Körper und einer begrenzten Lebenszeit ist Gottes Handeln für uns oft kein bisschen zu verstehen, dennoch können wir darauf vertrauen, in Zeit und Ewigkeit von Gott gehalten und geliebt zu sein. Vor Gott fliehen? Das ist wohl unmöglich, aber auch gar nicht nötig. Gott hat einen guten Plan und Wege des Friedens für seine Menschen.

Du, Gott,

über mir,
neben mir,
in mir,

du Gott,
Weltenbauer und Schöpfer,
Vater und Mutter,
Freund und Helfer,

mach' meine Finsternis zu Licht,
stille meine Sehnsucht,
zeige mir meinen Weg.

Ich bitte dich.

Wohin sollt’ ich gehen

Wohin sollt’ ich gehen vor deinem Geist
und fliehen vor deinem Blick?
Es wäre umsonst, weil du alles weißt;
du brächtest mich wieder zurück.
Du bist ja an allen Orten zugleich,
bist immer und überall nah.
Und macht’ ich mein Lager im Totenreich,
mein Gott, so wärst du auch da!

Und nähm’ ich auch Flügel des Morgenrots
und bliebe am äußersten Meer,
um dadurch zu fliehen vor deinem Gebot,
du kämest doch hinter mir her.

Nein, mehr noch: du folgtest
nicht nur meiner Flucht, du bist ja
auch schon immer dort.
Kein Punkt, wo nicht ständig dein Auge mich sucht,
es gibt ohne dich keinen Ort.
Ob ich mich in Himmel und Erde
versteckt, Herrgott, dir entginge ich nicht.
Und wär' es, dass Finsternis ganz mich bedeckt,
vor dir wäre Dunkelheit Licht.

Und fliehe ich weit über Meere und Land,
ganz fern bis ans Ende der Welt,
es gibt keinen Ort, wo nicht führt deine Hand,
und nicht deine Rechte mich hält.

Text: Eckart zur Nieden (Psalm 139), Melodie: Johannes Nitsch,

So wäre auch Finsternis
nicht finster bei dir,
und die Nacht leuchtete
wie der Tag.

Psalm 139,12

Licht und Finsternis

„Je älter man wird, desto mühsamer wird das Leben." So begann die Referentin ihren Vortrag im Seniorenkreis. Alle konnten sich daran erinnern, dass sie vor vielen Jahren einmal munter und frisch und ohne Schmerzen aus dem Bett gesprungen waren. Inzwischen waren sie älter, erfüllt mit schönen und schweren Erinnerungen. Einige hatten kaum körperliche Gebrechen, konnten sich selbst versorgen und lebten mit ihrer Familie zusammen. Anderen ging es weit weniger gut. „Haben Sie schon einmal gebetet:", fragte die Referentin die Zuhörerinnen und Zuhörer, „ ‚Gott, ich kann nicht mehr. Mein Leben ist so schwer. Ich will nicht mehr leben.' ?"

Ganz hinten im Saal saß eine kleine Frau mit würdevoll ergrauten Haaren. Wer sie kannte, wusste, dass ihr Leben vieles an Kümmernissen und Schicksalsschlägen bereitgehalten hatte. Dennoch hatte sie eine Ausstrahlung, aus der Zuversicht sprach. „Kurz vor der Dämmerung", so begann sie zu reden, „ist die Finsternis am tiefsten, aber beginnt nicht in der Mitte der Nacht schon ein neuer Tag?" Nachdenkliches Schweigen breitete sich aus. „Hinfallen ist nicht schlimm, nur liegenbleiben", fügte sie ganz leise hinzu.

Gerade dann, wenn uns unsere Beine nicht mehr tragen können und die tiefe Nacht der Seele uns verschlingen will, entdecken wir, dass wir nur einen Atemzug vom nächsten Morgen, nur ein Gebet von neuer Hoffnung entfernt sind. Gott hat andere Maßstäbe, hat die Kraft, hinter allen Dunkelheiten ein Licht anzuzünden und die Morgenröte für seine Menschen heraufzubeschwören. Er kann Schweres in Gutes münden lassen und unser Klagen in Jubeln verwandeln. Das hat er zugesagt. Das wird er tun.

Abendgebet

Diesen Tag,
mein Gott,
gebe ich zurück
in deine Hände.
Ich habe geweint,
ich habe gelacht,
und du warst
für mich da.

Nun ist es still.

Diesen Tag,
mein Gott,
gebe ich zurück
in deine Hände.
Umhülle
meinen Schlaf
mit deiner Liebe,
kleide mich
mit Geborgenheit
und wenn
es sein kann,
wecke mich so,
wie du
die Morgenröte
rufst.
Ich bin dein Kind.
Amen.

Ich danke dir dafür,
dass ich wunderbar
gemacht bin;
wunderbar
sind deine Werke;
das erkennt meine Seele.

Psalm 139,14

Hingabe

Von dir, Gott, komme ich.

Die kleinsten Buchstaben meiner Seele,
der erste Morgen auf dieser Welt,
das Werden zaghafter Schritte,
das Licht meiner Augen,
die Musik in meinen Ohren,
die Menschen, die ich liebe,
alle Wege meines Lebens
sind aus deiner Hand.

Von dir komme ich.
Zu dir gehe ich.

Mein Leben gehört dir.

Alles, was vergangen ist,
alles, was gegenwärtig ist,
alles, was zukünftig ist,
das erschafft Gott im Innersten.

Meister Eckhart

Du bist ein Wunder

Du bist ein Wunder,
du lachst und weinst,
bist manchmal voller Freude,
dann wieder verzweifelt,
immer aber darfst
du wissen:

Gott sieht jeden Tag
auf deinem Lebensweg
und beschützt dich
mit seinen starken Händen.
Niemals
bist du allein.

Du bist ein Wunder,
der Schöpfer
dieser Welt
wollte, dass es dich gibt.
Er kennt dich
wie kein anderer.

Den Heimweg finden

Die Sonne ist untergegangen. Ein Herbsttag neigt sich dem Ende zu. Es ist Feierabend. Das Telefon unterbricht jäh meine stillen Gedanken. Meine Tochter ist am anderen Ende der Leitung und hat ein Problem. Durch einen Unglücksfall ist ihre Bahnstrecke blockiert und sie bekommt heute keine ihrer Anschlussverbindungen mehr. „Ich komme dir mit dem Auto entgegen", sage ich und nenne ihr noch den Bahnhof, an dem sie warten soll. Danach steige ich ins Fahrzeug. Hinter den Bergen geht ein bleicher Vollmond auf und beleuchtet malerisch die Landschaft. Nach einer Stunde Wegstrecke nehme ich auf einem fremden Bahnhof in einer mir völlig unbekannten Gegend meine Älteste in die Arme. Ein glückliches Wiedersehen! Eine Stunde Rückfahrt

mit wertvollen Gesprächen und wir sehen unser hell erleuchtetes Haus und atmen erleichtert auf.
Nur ein kleines Beispiel für die Wirren dieses Lebens. Es werden uns Umwege aufgenötigt, es geht vieles schief und dennoch: Unsere Wege sind Gott nicht verborgen, sie liegen alle offen vor ihm, wie ein aufgeschlagenes Buch. Es ist einer da, der immer den Überblick behält. So geborgen, wie wir im Leib und am Herzschlag unserer Mutter waren, um mit dem Bild zu sprechen, das der Dichter von Psalm 139 gebraucht – so geborgen sind wir auch als erwachsene Menschen unter der Obhut Gottes. Seine Antwort auf die ängstliche Frage, wie wir denn den Heimweg finden können, lautet: Ich zeige dir den Weg. Auch wenn die Landkarte und der Fahrplan Gottes manchmal ganz anders aussehen, als wir uns das vorgestellt hatten – an der Hand des Allmächtigen kommen wir sicher ans Ziel.

Am Ende
bin ich noch immer bei dir.
Psalm 139,18a

Danke

Mein Gott,
ich danke dir,
dass ich leben darf.
Vieles auf dieser Welt
macht mir Angst,
da ist es gut zu wissen,
dass du da bist.

Um mich bist du,
wie die Luft,
die ich atme,
in mir lebst du,
durch die Kraft
deines Geistes,
mit mir
bist du unterwegs
in jedem Schritt,
den ich gehe.

Mein Gott,
ich danke dir.
Amen.

Die Autorin

Cornelia Elke Schray, Mutter von drei Töchtern und einem Sohn, verheiratet mit einem evang. Pfarrer, Autorin von Gedichten, Meditationen und Kurzgeschichten, lebt mit ihrer Familie in Dischingen-Eglingen/Baden-Württemberg.

Textnachweis

Bildnachweis

www.agentur-rauhes-haus.de

Druck: Druckwerke Reichenbach, Reichenbach

Quadro

Kartonierte Ausgabe: ISBN 978 3 7600 0982-7 • Best.-Nr. 1 0982-7
Gebundene Ausgabe: ISBN 978 3 7600 1912-3 • Best.-Nr. 1 1912-3